स्त्री का अन्तर्मन

A Woman's Inner Mind

Arti Pandey

India | USA | UK

Made with ❤ on the BookLeaf Publishing Platform

www.bookleafpub.in

www.bookleafpub.com

Dedication

I am dedicating this book to my grandfather and the **"late Freedom Fighter Mr. Gyan Chandra Pandey,"** who taught me the value of poetry during my childhood. I further dedicate this to my beloved mother, **"Mrs. Ramrati Pandey,"** who is an iron lady and who raised me with lots of struggle as I lost my father, late Mr. Ramesh Chandra Pandey, when I was one year old. Further, I want to dedicate this book to my dear husband, **"Mr. Dheeraj Verma,"** who inspires me to write the poetry, and last but not least, I dedicate it to all **"Women in the world"** because this book is all about their emotions, feelings, and motivation.

Preface

ये कवितायेँ सिर्फ पढ़ने या गाने के लिए ही नही है बल्कि महसूस करने के लिए है , ये कवितायेँ दुनियां की तमाम औरतों के अंतर्मन की कहानी है जिसे वो महसूस करती है पर किसी से कह नहीँ पाती. ये मेरी पहली किताब है , आशा करती हूँ , ये आपके मन को छू जाएगी|

Acknowledgements

Thanks to the publishing team, who gave me the opportunity to write this book and published it. Thanks to all the ladies of my life, your stories help me to convert it into poetry.

1. अपने घर का सपना

आँखे खोला मैंने एक घर में ,
गोदी में माँ के खेली थी ,
बचपन में गुड्डो- गुड़ियों ,
और सखियों के संग जहाँ खेली थी |

मैं अपने घर को सजाया करती थी ,
रंगोली बनाया करती थी ,
उस घर को सुन्दर बनाने का ,
वहां सपना सजाया करती थी |

वो सपना मेरा टूटा था ,
वो आँगन मुझसे छूटा था ,
जब माँ ने कहा एक दिन ऐसे ,
तुम अपना घर भी सजाओगी,
शादी करके जब तुम इस घर से,
अपने घर को जाओगी |

शादी के इस समझौते से,
मैं अंदर- अंदर टूटी थी,
भरे मन से मन लिया मैंने,

बस यहाँ इतनी हीं मेरी रोटी थी |

फिर से नई आश जगा बैठी,
नए घर के ख्वाब सजा बैठी ,
जीवन के इस परिवर्तन को,
ईश्वर की सौगात समझ बैठी |

कुछ पल सबको जाना मैंने,
उनको अपना माना मैंने,
सँवारने लगी कोना- कोना ,
नए घर को अपना घर जाना मैंने |

भ्रम मेरा उस दिन टूट गया,
जब घरवाला मुझसे रूठ गया ,
सामान मेरा बाहर फेंका,
मुझे अपने घर जाने को बोल गया |

मैं ठगी रही उसकी बातों से,
माँ की बातें भी ठगी लगी ,
अपना घर- अपना घर के झांसे से,
मैं दोनों ही घर में छली गयी |

ना रिश्तें मेरे अपने थे,
न कोई घर मेरा अपना है ,
तानों के भरे समंदर में बस मैं हूँ,
और मेरे अपने घर का सपना है |

2. उस प्रेम से अब मुझे प्रेम नही

पहले जो मुझे आशा दे,
मीठी- मीठी भाषा दे ,
राम-चरित्र गुण दिखलाके,
तत्पश्चात मुझे बस झांसा दे |

ठहरो ! ऐ मन ! तुम भी सुन लो ,
तुम भी दृढ निश्चय कर लो ,
ठुकरा देना उस बहरूपिये को,
जिसके संग तुम महफूज नही,
जिस प्रेम ने तुमको तोड़ दिया,
उस प्रेम से अब मुझे प्रेम नही |

ऐ मन ! तुमने बड़ी कुरबानी दी,
उस निर्गुण को सर्वगुण सम्पन सयानी दी ,
तन दे डाला मन दे डाला,
उसके हृदय को मरहम पानी दी |

जो रख न सका एहसान तेरा,
जो छलता रहा स्वाभिमान मेरा,
ठुकरा देना उस छलिये को,

जिसके छल-कपट से तुम झूझ रही,
जिस प्रेम ने तुमको रुला दिया,
उस प्रेम से अब मुझे प्रेम नही |

ऐ मन ! अब ध्यान नहीं देना,
सीता बनने का ज्ञान नहीँ देना ,
जिसने तोड़ दिए मर्यादा सारी,
उसे पुरुषोत्तम नाम नहीँ देना |
उसके अपशब्द से अंतर्मन है टूट रहा ,
शोर भरी इस दुनिया में,
उसका "चरित्रहीन" शब्द गूँज रहा ,
ठुकरा देना उस कटुभाषी को,
जिसमें शर्म का कोई नीर नही,
जिस प्रेम ने तुझमे घृणा भरा,
उस प्रेम से अब मुझे प्रेम नही |

3. कामकाजी स्त्री हूँ मैं

सोच बदल रही हूँ,
समाज बदल रही हूँ,
समय के साथ विवाह का,
प्रस्ताव बदल रही हूँ ,
युवकों की पहली पसंद हूँ ,
ससुराल वालों की मर्जी हूँ मैं |
हाँ, कामकाजी स्त्री हूँ मैं |

काम का टाइम-टेबिल बनाया हुआ है,
जिम्मेदारियों का बोझ उठाया हुआ है,
सुबह का नाश्ता, रात का खाना,
ऑफिस से आकर घर को सजाना,
मझधार में फसी कश्ती हूँ मैं |
हाँ, कामकाजी स्त्री हूँ मैं |

कहने को आज़ाद हूँ ,
पर आज़ादी मांगनी पड़ती है ,
ऑफिस की पंच-इन पंच-आउट की तरह,
घर थोड़ी देर हो जाने से माफ़ी मांगनी पड़ती है,
शर्तों और समझौतों की डोर से बंधी रस्सी हूँ मैं |

हाँ, कामकाजी स्त्री हूँ मैं |

मैं थकती नहीं हूँ ,ऐसा मैंने दिमाग को कहा है,
सफलतायें कई हैं मेरी, पर घर में बहुत कुछ सहा है,
आवाज़ सिर्फ दफ्तर तक है ,घर में मौन पंथी हूँ मैं |
हाँ, कामकाजी स्त्री हूँ मैं |

महत्वाकांछी हूँ आसमान को छूना चाहती हूँ,
पैरों में बेड़ियाँ हैं,पागल मैं, फिर भी उड़ना चाहती हूँ ,
अपने ख्वाबों को समेटे पर कटी पक्षी हूँ मैं |
हाँ, कामकाजी स्त्री हूँ मैं |

किस्मत साथ देगी तो कुछ खुबसूरत कर दिखाऊँगी,
दायरे में रहकर भी फलक को जीत जाऊँगी,
आदर पा सके जो वो बेमिसाल हस्ती हूँ मैं |
हाँ, कामकाजी स्त्री हूँ मैं |

4. कहीं मैं खुद को खो न दूँ

बह रही है आँखों से नदियां,
रोज रातों को सोने से पहले |
कहीं मैं खुद को खो न दूँ,
फिर से तेरा होने से पहले |

ये चिंता ये बेचैनी,
तेरे दूर होने से नहीं है |
छालें मेरे दिल के,
तेरे कांटे बोने से नहीं है |
ये कशमकश,
तुझे फिर से स्वीकारने की है |
ख़ामोशी तोड़कर,
तुझे फिर से पुकारने की है,
कहीं कह न दूँ ना,
तेरे कुछ बोलने से पहले |
कहीं मैं खुद को खो न दूँ?
फिर से तेरा होने से पहले |

कम्बख्त मेरी याददाश्त,
थोड़ी अच्छी रह गयी |

कुछ अच्छे पल हमारे,
इसमें ठहरी रह गयी |
कसर कोई न छोड़ी,
तुमने मुझे आजमाने में ,
हर एक तंज कस डाला,
मुझको सताने में |
दिल के दरवाजे बंद न कर लुं ?
घर की कुंढी खोलने से पहले |
कहीं मैं खुद को खो न दूँ ?
फिर से तेरा होने से पहले |

इंतजार लंबा है ,पर कोई जुल्म नहीं है|
कितनी गलतियां कर चुके हो,
इतना तुम्हें इल्म नहीं है |
बहुत वक़्त लगा था,
तुम्हें अपना बनाने में ,
तुम बाज नहीं आते,
मुझे सपना बनाने में |
अहम् पाल न लूँ मैं?
फिर से वहम पालने से पहले |
कहीं मैं खुद को खो न दूँ?
फिर से तेरा होने से पहले |

5. खुद को तुम कैसे भूल गए

अपनी आँखों में,
इक चेहरा लेके आये थें ,
तेरी मीठी सी कशिश का,
इक पहरा लेके आये थें |
मैं दूर हो गयी रिश्तों से ,
पुराना मुझमे कुछ न रहा ,
बस प्यार भरा दिल लेके,
तेरे प्यार के खातिर आये थें |

याद करो वो बीते दिन,
जब तुममें बस तन्हाई थी ,
रौशनी की किरण बनकर,
तुम्हारे जीवन में मैं आयी थी |
तुम्हारे गम को तुमसे दूर किया,
तुम्हरे होठों पे मुस्कान भरी ,
तुम्हें प्यार किया बस सिद्दत से,
सबकुछ अपना कुर्बान करी |

अच्छा लगता था जब तुम,
मेरी इज़्ज़त से नाम बुलाते थे ,

"

ज़रा सा चोट मुझे बस लगते ही,
तुम भी भावुक हो जाते थे |
जब तक मुझे तुम देखो न,
रात में सो तक न पाते थे,
मेरे खाना खाने से पहले,
तुम खाना तक नहीं खाते थे |

कितनी यादें हैं दामन में,
जिनसे कुछ राहत मिलती है ,
गुज़रें कल की यादों में ही,
अब मुझको चाहत मिलती है |
तुम भूल गए यादें सारी,
परवाह मेरी भी भूल गए ,
मुझको भूलें तो भूले हीं,
खुद को तुम कैसे भूल गए ?

6. बस थोड़ी शायरी कच्ची है

जो मेरे शब्दों को न समझे,
उसके लिए मेरी ख़ामोशी हीं अच्छी है ,
आंखे भी पढ़ ली जाती है ,
अगर मोहब्बत होती सच्ची है |
आ, तेरे इश्क़ में थोड़े कशीदे पढ़ दूँ,
मोहब्बत उम्दा है मेरी,
बस थोड़ी शायरी हीं कच्ची है |

तू जानता सबकुछ है,
पर जताता नहीं ,
प्यार तुझे भी है,
पर बताता नहीं |
दर्द से तू भी गुज़र रहा है,
पर दिखाता नहीं ,
मुझे आते-जाते देखता तो है,
पर मेरे सामने आता नहीं |

मैं भी तेरे,
दीदार को तरसी हूँ ,
तुझसे नाराज़ होकर भी,

खुद पे ही बरसी हूँ।
तुम्हारी आहट से मुझे,
सुकून मिल जाता है ,
तू कहीं तो सुकून से है,
ये जानकर नींद आ जाता है।

कहने को तुमसे प्यार नहीं,
नफरत सा महसूस करती हूँ ,
फिर भी धड़कने तेज हो जाती हैं ,
जब तेरी गलियों से गुज़रती हूँ।
लफ्ज़ नहीं हैं मेरे पास ,
सुन सको तो ख़ामोशी सुन लो मेरी,
वापस लौट आओ अब,
इम्तहान न लो मेरी।

ज़िद और गुस्से से,
प्यारा सा बंधन टूट जायेगा ,
दुनिया ये जीत जाएगी ,
रिश्ता हार जायेगा।
तेरे न होने से,
मैं अधूरी सी रहती हूँ ,
पत्थर कर लिया खुद को,
कहीं नहीं पिघलती हूँ।
दिल से कहा,
चलो अब तुम्हें भूल हूँ जाती ,
दिल जवाब देता है,
काश ! तुम ये दिल से कह पाती।

7. अपनी ज़रूरत मत बनाना

काश ! तुम मुझे अपनी,
इज़्ज़त समझते होते ,
ज़्यदा न सही कम से कम,
बन्दे को बंदा समझते होते |
आधी उम्र निकल दी हमने,
तुम्हारे पास आने में ,
बची आधी कहीं न निकल दूँ,
तुमसे दूर जाने में |

तू मेरे हौंसला तो देख,
ज़रा सा उफ़ भी नहीं करती ,
टूट जाती हूँ फिर भी ,
कोई मलाल नहीं करती |
खुद को बदल पाना,
तो ही आना मेरी दुनिया में ,
मुझे शौक नहीं फिर से,
तेरे हाथों का खिलौना बनने में |

गलत होकर भी,
तुम्हें अपनी गलती कहाँ दिखाई देती हैं ,

आँखें बंद करते हीं,
मुझे अपनी सारी चीखें सुनाई देती हैं |
गलती मेरी भी है,
जो बेदर्द से दिल लगा बैठे ,
खुले किताब से थे हम ,
तुम अनपढ़ थे बने बैठे |

कभी मुझको समझकर देख,
एक दिल मै भी रखती हूँ ,
मैं तेरा ही हिस्सा हूँ ,
बगावत मैं भी करती हूँ |
मांगती भी उतना हूँ ,
जितना तू दे सके मुझको ,
तुझे तेरे जैसा हीं प्यार दूँ,
ऐसी शख्सियत मै भी रखती हूँ |

तू हर बार ठहर जाता है,
अपने बाकी सारे रिश्तों के साथ ,
तू मुझे पूरा चाहिए,
न हीं किश्तों के साथ |
जरुरी हूँ तुम्हारे लिए,
तो मेरे पास आ जाना ,
वरना छोड़ देना मुझे ,
अपनी ज़रूरत मत बनाना |

8. जो तुम हो वही रहना

अब जो तुम हो ,वही रहना |
जहाँ रहने लगे हो, वहीं रहना |
चलो अच्छा है, मुखौटा हट चुका है |
अब जो दिख रहे हो,वही रहना |

सुना है, शाम-ए-महफ़िल,
बड़ी रंगीन होती है तुम्हारी |
सफर किसी और के साथ ,
बड़ी हसीन होती है तुम्हारी |
तुम्हारा किरदार,
कौड़ियों के भाव बिकने लगा है |
अब जहाँ बिक रहे हो ,वहीं बिकना |

गलतफहमियां ,
तुमने बढ़ाई हुई थी |
मज़लूमियत अपनी,
दिखाई हुई थी |
तुम्हारी अदा से तो ,
गिरगिट भी धोखा खा जाये ,
अब धोखेबाज़ बन हीं गए हो, तो बने रहना |

तुम्हे चाहूंगी फिर से,
ऐसी गुंजाइश नही है |
तुम मुझे प्यार करने लग जाओ,
ऐसी अब ख्वाइश नही है |
मेरे किरदार पे,
बड़े गंदे अल्फ़ाज़ कहे थे तुमने ,
अब सुनने में अच्छा लगता है ,तुम वही कहना |

९. मेरी कॉफ़ी

तुम्हीं से दिन मेरा होता ,
तुम्हीं से रात ढलती है ,
मेरी कॉफ़ी अगर तू है ,
तो हर इक बात अच्छी है |

तू मेरे सुख की साथी है ,
तू मेरे गम बांटने का है जरिया ,
मेरे होठों पे आतें हीं ,
बदल देती हो मेरे सोचने का नजरिया |

तू जितना स्ट्रांग बनती है ,
मैं भी उतना स्ट्रांग होती हूँ ,
तुम्हारे लाइट होने पे ,
मैं हल्का महसूस करती हूँ ,|

तेरा हर रूप प्यारा है ,
शिकायत है नहीं तुझसे ,
इस मतलबी ज़माने में ,
तू ही इक दोस्त अच्छी है |

किसी दिन ऐसा होता है ,
जब हम घर पे नहीं मिलते ,
ऑफिस में काम बढ़ते हीं ,
तुम्हे हम ढूंढ़ते फिरते |

जितना काम से है प्रेम,
उतना ही तुझसे करती हूँ ,
तुम कप्पीचीनो हो या लाते,
तेरे हर स्वाद पे मरती हूँ|

तुम तो मुझे बेस्वाद ,
बेरंग भी पसंद हो,
मिलावट के बिना,
और भी प्यारी हो जाती हो ,
मेरे हेल्थ पे ध्यान देते हीं ,
मेरे डाइट का हिस्सा बन जाती हो |

तुम मेरी चेतना का विम्ब हो ,
मेरी कविता की कलम हो ,
तुम मेरी सहयात्री हो ,
तुम हीं तो मेरा हमसफ़र हो |

10. आज छज्जे से देखा उसे

मुद्दतों बाद आज छज्जे से देखा उसे ,
देखते हीं धड़कने बढ़ने लगी मेरी |
कहीं मुझे वो भी न देख ले ,
इसलिए मुड़ने में नहीं की मैंने देरी |

थोड़ा सा मायूस -परेशान लग रहा था ,
उसे देखकर मेरे मन का शोला पिघल रहा था |
उसकी एक झलक क्या कमाल कर रही थी ,
बंज़र पड़े इस दिल में फिर से फूल खिला रही थी |

न चाहते हुए भी आंखे मेरी भीगने लगी ,
प्रेम के आंसू मेरे मन को सींचने लगी |
उसके एहसास से मैं खुद को बचा न सकी,
फूट-फूटकर तकिये पे सर रखकर रोने लगी |

दिमाग का दिल से मेरे इक जंग हो गयी ,
प्रेम की खुलने वाली गलियां फिर से तंग हो गयी |
फूलों के साथ कांटें हज़ार दिखने लगे मुझको ,
उसकी यातनाएं सारी याद आने लग गयी |

कुछ इस तरह मैंने दर्द पे मरहम लगा लिया ,
खुद से हीं आंसू पोछकर खुद को चुप करा लिया |
दिल भी मेरे दिमाग से इस कदर हार मान गया ,
उस पत्थर के लिए खुदको पत्थर बना लिया |

11. कभी तो

सोचती हूँ ,खुद को मना लूँ मैं |
तू झुकाना चाहता है तो,
सर को झुका लूँ मैं |
पर क्या करूँ ,
अपने आत्मसम्मान का ,
जो मुझे अंदर तक,
झिंझोड़ देता है |
उससे माफ़ी क्या हीं मांगू ,
जो बिना गलती के हीं,
मुझे छोड़ देता है |

कभी तो मेरे दिल का हाल,
तुमने सुना होता |
इस भीड़ में कभी तो,
मुझे चुना होता |
पूरा दिल न सही,
दिल में मेरा हिस्सा बना लेते |
हमसफ़र न सही,
कम से कम दोस्ती हीं निभा लेते |

बहुत मन करता है ,
तेरी आवाज़ सुनने को |
पुकारूँ भी कैसे,
तुम्हे आदत है.
मुझे अनसुना करने को |
कैसे स्वाभिमान को अपने,
मैं ठेस पहुंचा दूँ,
यही तो इक सहारा है,
मेरा वजूद ज़िंदा रखने को |

कभी तो अपनी गलती पर,
पछता लिया करो |
तुम्हारे एक्शन का रिएक्शन भी होगा ,
खुद को समझा लिया करो |
सुना है रिश्ता बचाने के लिए,
हार जाना अच्छी बात है |
पर हर बार मैं हीं हार जाऊं,
यार ये कौन सी बात है |

12. दुल्हन सजी धीरे-धीरे

बह चली है गंगा -यमुना ,
आँखों के तीरे -तीरे |
सोलह श्रृंगार करके ,
दुल्हन सजी धीरे-धीरे |

धीरे से कैसे पलकें झुकाना ,
धीरे से कैसे नज़रें चुराना ,
धीरे से कैसे है मुस्कुराना ,
धीरे से कैसे उनको रिझाना ,
सिखा रहीं प्रेम की बातें ,
सखियाँ उसे कमरे में घेरे |
सोलह श्रृंगार करके ,
दुल्हन सजी धीरे-धीरे ||

ज़ोर से उसकी,
धड़कने बढ़ी है |
जब किसी ने कहा,
अब मिलन की घड़ी है |
मुहूर्त का वक़्त अब,
निकलने लगा है ,

घरवालों को,
जल्दी पड़ी है |
दुल्हन चली पूरा करने,
दूल्हे संग सात-फेरे |
सोलह श्रृंगार करके ,
दुल्हन सजी धीरे-धीरे ||

मन में बहुत,
घबराहट छुपी हुई है |
सवालों की लड़ियाँ,
दिमाग में बढ़ी हुई है |
क्यों उसे इस घर से,
जाना पड़ेगा |
पराये रिश्तों को,
अपनाना पड़ेगा |
कैसे वो छोड़े रिश्तें,
जो हैं उसके दिल के हीरे |
सोलह श्रृंगार करके ,
दुल्हन सजी धीरे-धीरे ||

13. हे नारी तुम अवतारी हो

हे नारी तुम अवतारी हो ,
मासूम भी हो चिंगारी हो ,
तुम ही जननी तुम जगदम्बा ,
तुम हर रूप में प्यारी हो |

हे राधा तुम प्रेम पुजारिन हो ,
तुम निःस्वार्थ हृदय की रानी हो ,
तुम प्रेम वियोग सहने वाली ,
समर्पण की एक निशानी हो |

हे सीता तुम जीवन संगिनी हो ,
सुख दुःख की तुम साथी हो ,
मर्यादा की परिभाषा हो ,
आमरण संग ठहरने वाली हो |

हे लक्ष्मी तुम वरदानी हो ,
धन वर्षा करने वाली हो ,
तुमसे ही सारा घर रौशन ,
घर की दरिद्रता हरने वाली हो |

हे सरस्वती तुम दात्री हो ,
बच्चों को विद्या देने वाली हो ,
उनकी पहली पाठशाला तुमसे है ,
तुम ही उनकी सहपाठी हो |

हे दुर्गा तुम कल्याणी हो ,
साहस की संपूर्ण कहानी हो ,
नतमस्तक कर दो पौरुष को ,
ऐसी विडम्बना लक्ष्मीबाई हो |

हे काली तुम प्रतिशोधी हो ,
सम्मान की बस तुम भूखी हो ,
लज्जा की रक्षा के खातिर ,
तुम शस्त्र उठाने वाली हो |

14. धोखा

सुनो ,मैं तुम्हे कभी धोखा नहीं दूंगा ,
ऐसा कहा था उसने ,
मुझे उस पर यकीन करने की ,
कई वजह दिया था उसने |

पर इस धोखे ने खड़े किये,
मेरे मन में कई सवाल ,
धोखा क्या है,
और लोग कैसे चलते है इसकी चाल ?

धोखा किसी गैर के साथ सोना है ?
या किसी अपने को दिल से खोना है ?
धोखा किसी और को दिल में बसाना है ?
या सिर्फ जिस्म तक ही सीमित हो जाना है ?

किसी प्रॉमिस को तोड़ देना ,
क्या वो धोखा नहीं ?
या अपनी जिम्मेदारियों से भागना ,
वो धोखा नहीं ?
कभी तुम्हारे हक़ के लिए खड़ा न होना ,

क्या वो धोखा नहीं ?
या तुम्हे तन्हा छोड़ देना ,
वो धोखा नहीं ?
कभी अपनेपन का दिखावा करना ,
क्या वो धोखा नहीं ?
या लालच में तुमपर जान लुटाना,
वो धोखा नहीं ?

जब इतने सवालों को टटोला मैंने ,
धोखे में खुद को पाया मैंने |

धोखा किसी मांस का मांस से जुड़ना नहीं होता ,
किसी आत्मा का आत्मा से मिलना नहीं होता |

धोखा तो मानसिकता से पनपती है ,
किसी गैर के ख्यालों में होने से भी झलकती है |

धोखा किसी एक दायरे का नहीं है ,
धोखा वो है जिसमें किसी एक की भावना न सही है |

धोखा देने वाला सोचता है की भगवान नहीं है ,
कर्मफलदाता के घर देर है अंधेर नही है |

15. बेरहम

हमने पाया तुम्हे ,
बुरे हालातों से लड़कर |
तुमने खो दिया मुझे,
मेरे ज़ज्बातों से लड़कर |
तुम साज़िशें करते रहे,
दुनिया के साथ मिलकर |
और हम समझते रहे तुम्हे,
पूरी दुनिया से बढ़कर |

बेपरवाह बेमतलब ,
बद्दिमाग कह गए |
मुझे कहना था तुम्हे,
तुम मुझे हीं कह गए |
चोर शाबाशी लूट रहा है,
कोतवाल को डांटकर |
तभी "बेरहम" नाम रखा है तुम्हारा,
मैंने बड़ा हीं छांटकर |

थी हीर मैं तुम्हारी,
पर तुम राँझा न बन सके |

तुम ठहर गए ,
चार कदम साझा न कर सके |
साथ चलने को कहती रही,
मैं तुम्हे हाथ जोड़कर |
पकड़ लिया तुमने नया हाथ,
मेरा हाथ छोड़कर |

जुबां पे मिश्री रखकर,
तुम गैर औरतों से मिलते हो |
दोमुहे सांप की तरह,
दोगली औकात रखते हो |
मिलकर देखो न कभी उनसे,
जैसे हो वैसा बनकर |
कोई रह न सकेगा तुम्हारे साथ,
मेरे जितना सहकर |
है वक़्त कलयुगी ,
यहाँ सच्चों की कीमत नहीं ,
झूठा चमक रहा है,
खुद को सोने में जड़कर |

16. तुम्हारी बउआ

तुम्हे प्यार न करू,
ऐसा नहीं होगा मेरी जान |
मैं नाराज़ हूँ तुमसे ,
पर मेरी वफ़ा नहीं है बेईमान |

अब जैसे भी थे ,
तुम्हे अपना लिया था |
तुम्ही मेरे सबकुछ हो,
ये खुद को समझा लिया था |

थोड़ी गुस्से में हूँ तुमसे,
इसलिए अब बात नहीं करती |
करती हूँ बातें तस्वीर से तुम्हारे ,
क्युकी वो मुझपे गुस्सा नहीं करती |

तुम वो आखिरी ,
पड़ाव हो ज़िंदगी का ,
जिसके कंधे पे सर रखकर,
इस दुनिया से विदा लेना है |
तुमसे ही मेरा जीवन है ,

दुनिया से क्या मुझे लेना-देना है |

समय कुछ ठीक नहीं है अपना,
इसलिए चुप बैठे है इंतज़ार में |
जिस दिन आवाज़ दोगे मुझे,
सब छोड़ गिर पड़ेंगे तुम्हारे प्यार में |

ये लड़ाई ये झगड़ा ये गुस्सा ये ज़िद्द,
सिर्फ कुछ दिनों का है |
प्यार हमारा ज़िंदगी के साथ भी,
और ज़िंदगी के बाद का है |

रिश्तों की पढाई में,
तुम हमेशा कमजोर थे |
कमजोर छात्र का हाथ न छोड़ने का,
वादा करने पे हम मजबूर थे |

कुछ सीखा तुमसे,
कुछ सिखाया तुम्हे |
दुनिया की बुरी नज़रों से ,
हमेशा बचाया तुम्हे |

विचार हैं अच्छे ,
थोड़े ऊँचे ख़यालात हैं |
इंसान हम अच्छे हैं,
बस बुरे मेरे हालात हैं |

कुछ ज्यादा नहीं ,
मांगते हैं तुमसे ,
इक सम्मान के सिवा |
तुम दे दो मुझे,
सारे दुःख -दर्द,
बस अपमान के सिवा |

समझौते व्यापार में,
अच्छे लगते हैं
मुझे रिश्तों में नहीं |
हम तुम्हे पूरी तरह,
प्यार करते हैं,
किश्तों में नहीं |

अपना ख्याल रखा कर,
तुम्हारी चिंता हैं मुझे |
रोज पूजा करती हूँ तेरे लिए ,
मेरा शिव सुनता हैं मुझे |

जान हो तुम मेरे,
कभी अनजान नहीं बनने देंगे |
प्यार भरे इस दिल को,
हम शमशान नहीं बनने देंगे |

थक जाओ तो वापस लौट आना ,
सारे ताज रख दूंगी तुम्हारे सर |

तुम बिन उदास है तुम्हारी बउआ ,
और उदास है ये अपना घर |

17. चार पल की ज़िंदगी

है चार पल की ज़िंदगी ,
तू मुस्कुराकर जी |
खामोश सी है ज़िंदगी ,
तू गुनगुना के जी |
तेरा आज हीं तेरा कल है ,
तू आज को गले लगाके जी |

मैं हीं तेरी परछाई हूँ ,
तू मेरी छाँव बनके जी |
खुशियां तेरे करीब है ,
तू मेरे पास आके जी |
तेरे साथ हूँ मैं ताउम्र,
तू आजमा के जी |

मैं ही तेरा हूँ हमसफर ,
तू उम्र भर साथ चलके जी |
मंज़िल तेरे करीब है ,
तू एक कदम बढ़ाके जी |
मैं ही तेरा हूँ आंसमा ,
तू पंख फैला के जी |

मदहोश चांदनी रात में ,
मुझे आगोश में लेके जी |
मैं हीं तेरा रूह हूँ ,
मुझमे शमा के जी |
मैं तेरा प्रेमसागर हूँ ,
मुझमे डूब के जी |

है वक़्त बड़ा कीमती ,
तू इंज़ार में न जी |
खुशियों की उम्र छोटी है ,
तू उन्हें आबाद करके जी |
अधूरे से तेरे ख्वाब हैं ,
तू उन्हें पूरा करके जी |

18. इश्क़ है

तनहा तनहा किसी से ,
दिल लगाना इश्क़ है |

एक झलक जो सुकून दे जाये,
वो लम्हा इश्क़ है |

दर्द दिल में हो फिर भी,
कुछ नहीं हुआ कहना इश्क़ है |

यूँ तो तमाम लोग हों तारीफ करने को ,
पर किसी एक लिए सजना इश्क़ है |

यूँ तो जनम से मरने तक कई रिश्तें बनते है ,
पर किसी एक पर मर-मिट जाना इश्क़ है |

यूँ तो मुसाफिर बहुत होते हैं ज़िंदगी में ,
पर किसी के लिए ठहर जाना इश्क़ है |

यूँ तो प्यार की कोई हद नहीं होती ,
किसी की हदों को अपना लेना इश्क़ है |

यूँ तो ज़िंदगी में बहुत उदासियाँ होती है ,
पर किसी का चेहरा देखकर मुस्कुराना इश्क़ है |

19. कुछ लोग ज़रा सुधर जाएँ

कुछ लोग सोचते हैं ,
की हम मर जाएँ |
लेकिन मरकर भी ,
हम कहाँ जाएँ,|
मेरी रूह तो ,
यहीं भटकती रहेगी ,
इसलिए वो कुछ लोग,
ज़रा सुधर जाएँ |

माना कि, मेरे मरने में ,
फायदा है उनका |
मेरे जीवन बीमा में ,
नामांकन हैं उनका |
पर क्या पता हमारा ,
हम जीकर भी,
उससे ज़्यदा हीं दे जाएँ |
इसलिए वो कुछ लोग,
ज़रा सुधर जाएँ |

हमने उनका लिया हीं क्या है ,

एक छत के सिवा,
उन्होंने दिया हीं क्या है |
शौहरत भी अपनी ,
दौलत भी अपनी |
खर्चा भी अपना,
आमदनी भी अपनी |
क्या है वो अपना,
जो मेरा अपना नही है |
जो मेरा अपना नही ,
वो रिश्ता हीं नही है |
पहचान हमे सबकी है,
बस जताते नहीं है ,
इससे पहले कि हम,
आइना दिखाने लग जाएँ |
इसलिए वो कुछ लोग,
ज़रा सुधर जाएँ |

मंज़र ऐसा कर दिया है,
कि मैं दो रास्ते चुन लूँ |
या तो इस घर से निकलूं,
या परलोक निकल लूँ |
न हीं अपने हाथों से वो हमे ,
मौत कि बख्शीश दे सकते हैं |
न हीं मेरी खुशियों को ,
अपना आशीष दे सकते हैं |
काल का डर,
समाज का डर |

कांड करें भी वो कैसे,
कानून का है डर |
संभल जाओ सभी ,
इससे पहले कि,
हम बिगड़ जाएँ |
इसलिए वो कुछ लोग,
ज़रा सुधर जाएँ |

20. देखो आज साबित हो गया

मैंने कहा था न ,
की हमारे रिश्ते को,
सिर्फ मै चला रही हूँ ,
देखो आज साबित हो गया ,
तुम इस रिश्तें में ,
कभी थे हीं नहीं,
देखो आज साबित हो गया |
तुम्हे बहुत ऐतराज़ था ,
मेरे सवाल-जवाब से ,
मैंने ख़ामोशी चुन लिया था ,
मैंने कहा था न की,
मेरे चुप होने से हीं,
रिश्ता टूट जायेगा ,
देखो आज साबित हो गया |

तुम्हे मैसेज करते करते,
हम थक जाते थें |
तब तुम कई घंटों बाद ,
एक छोटा सा रिप्लाई देते थे |
मैंने कहा था न की,

मैं पहल न करूँ तो,
तुम्हरा मैसेज हीं नहीं आएगा
देखो आज साबित हो गया |

तुम्हारा घर देर रात आने पे ,
हम गुस्सा करते थे |
और तुम बदले में,
सोफे पे जाकर सो जाते थे |
मैंने कहा था न की ,
मैं तुम्हारा वक़्त पे आने का,
इंतज़ार न करूँ,
तो कोई नहीं करेगा ,
देखो आज साबित हो गया |

तुम्हारा शराब पीना,
आवारा दोस्त ,
मुझे पसंद नहीं थे |
मै तुम्हे हद में,
पीने को कहती ,
और बदले में तुम ,
मुझे गालियां सुना देते थे |
मैंने कहा था न की,
मेरे सिवा तुम्हे कोई,
पीने से नहीं रोकेगा,
देखो आज साबित हो गया |

हम लड़ाई में भी तुम्हारे लिए ,

नाश्ता बनाते थे |
और तुम गुस्से में,
किये बिना हीं चले जाते थे |
मैंने कहा था न की ,
सबकुछ मिल जायेगा ,
मेरे हाथों का,
स्वाद नही मिलेगा ,
देखो आज साबित हो गया |

रिश्ता बचाने के लिए ,
हम बिना गलती के भी ,
झुक जाते थे |
और तुम बार बार ,
मुझे माफ़ी मांगने पे ,
मजबूर करते थे |
मैंने कहा था न की ,
जिस दिन हम ठान लेंगे ,
उस दिन कोई,
झुका न पायेगा ,
देखो आज साबित हो गया |

तुम्हे ज़रा सा बुखार होते हीं ,
हम अपना सारा काम,
छोड़कर आ जाते थे |
और तुम बच्चों की तरह हमसे ,
अपनी देखभाल कराते थे |
मैंने कहा था न की ,

जब हम बीमार पड़ेंगे ,
तुम क्या तुम्हारा कोई ,
मेरी सेवा नहीं करेगा ,
देखो आज साबित हो गया |

याद है तुम हमेशा मुझे,
घर से जाने को कहते थे |
और मै फिर भी नहीं जाती थी ,
और तुम फिर मुझे ,
औकात का ताना देते थे |
मैंने कहा था न की ,
हमारा सामान घर से बाहर,
निकले या नहीं ,
शायद हमारा प्यार,
दिल से निकल जायेगा ,
देखो आज साबित हो गया |

21. जाओ पिया तुम्हे आज़ाद किया

जाओ पिया ,
तुम्हे आज़ाद किया,
उन रिश्तों से जहाँ तुम कभी थे ही नही ,
उन वादों से जो तुमने कभी किये हीं नही|

जाओ पिया ,
तुम्हे आज़ाद किया,
उन रश्मों से जहाँ तुम दिल से थे हीं नही,
उन कसमों से जो तुमने कभी सच खाये हीं नही |

जाओ पिया ,
तुम्हे आज़ाद किया,
उन जज्बातों से जो कभी दिल में थी हीं नही ,
उन हालातों से जो तुम्हे मंजूर थे हीं नही |

जाओ पिया ,
तुम्हे आज़ाद किया,
उन लम्हो से जहाँ तुम मेरे पास होकर भी थे नही ,
उन अपनों सो जिन्हे तुम अपना मानते हीं नही |

जाओ पिया ,
तुम्हे आज़ाद किया,
उन रास्तों से जहां तुम मेरा हाथ पकडे थे नही,
उन सपनो से जहाँ तुमने हम दोनों का साथ देखा हीं नही |

जाओ पिया ,
तुम्हे आज़ाद किया,
उन आंशुओं से जिसे देखकर देखते थे नही ,
उन शिकायतों से जिसपे अम्ल कभी किये हीं नही |

जाओ पिया ,
तुम्हे आज़ाद किया
उन संस्कारों से जो तुममे कभी थे हीं नही ,
उन चाहतों से जो मेरे लिए अब है हीं नही |

जाओ पिया ,
तुम्हे आज़ाद किया,
उन सात फेरों से जो तुम कभी लेना चाहते थे नही ,
उन सात वचनो से जो तुम सुनना चाहते थे नही |

www.ingramcontent.com/pod-product-compliance
Lightning Source LLC
LaVergne TN
LVHW021800210726
843510LV00017B/1555